641.589 B236t

BIBLIOTHEQUE MUNICIPALE
ST-ESPRIT   125

D1087162

tajines

sans frontières

Photographies : Riccardo Lettieri
Projet graphique : Carlotta Medas/Milano

Catalogage avant publication de Bibliothèque et Archives
nationales du Québec et Bibliothèque et Archives Canada

Barbieri, Bruno, 1962-

   Tajines sans frontières

   Traduction de : Tajine senza frontiere.

   Comprend un index.

   ISBN 978-2-7619-3295-0

   1. Tajines. 2. Mets en casserole. I. Titre.

TX693.B3714 2012   641.82'3   C2011-942778-8

Tous droits réservés.
Il est interdit de reproduire de quelque manière que ce soit des publications
protégées par le droit d'auteur sous peine de poursuites pénales. Cette
œuvre est protégée par la Loi sur le droit d'auteur et par les conventions
internationales pour la protection du droit d'auteur. Il est donc interdit
de reproduire, traduire, mémoriser ou transmettre toute partie de cette
publication sous quelque forme ou par quelque moyen que ce soit
(photomécanique, photocopie, électronique, etc.) sans l'autorisation écrite de
l'éditeur. Toute reproduction illégale sera passible de poursuites judiciaires.

DISTRIBUTEUR EXCLUSIF :
Pour le Canada et les États-Unis :
MESSAGERIES ADP*
2315, rue de la Province
Longueuil, Québec J4G 1G4
Téléphone : 450 640-1237
Télécopieur : 450 674-6237
Internet : www.messageries-adp.com
* filiale du Groupe Sogides inc.,
  filiale de Quebecor Media inc.

Imprimé en Chine

03-12

© Bibliotheca Culinaria S.r.l.

© 2012, Les Éditions de l'Homme,
division du Groupe Sogides inc.,
filiale de Quebecor Media inc.
(Montréal, Québec)

Tous droits réservés

L'ouvrage original a été publié
par Bibliotheca Culinaria S. r. l.
sous le titre *Tajine senza Frontiere*

Imprimé en Chine
Dépôt légal : 2012
Bibliothèque et Archives nationales du Québec
ISBN 978-2-7619-3295-0

Gouvernement du Québec – Programme de crédit d'impôt pour l'édition
de livres – Gestion SODEC – www.sodec.gouv.qc.ca

L'Éditeur bénéficie du soutien de la Société de développement des entre-
prises culturelles du Québec pour son programme d'édition.

Conseil des Arts   Canada Council
du Canada   for the Arts

Nous remercions le Conseil des Arts du Canada de l'aide accordée à notre
programme de publication.

Nous remercions le gouvernement du Canada de son soutien financier
pour nos activités de traduction dans le cadre du Programme national de
traduction pour l'édition du livre.

Nous reconnaissons l'aide financière du gouvernement du Canada par
l'entremise du Fonds du livre du Canada pour nos activités d'édition.

Bruno Barbieri

tajines
sans frontières

Photographies de Riccardo Lettieri

LES ÉDITIONS DE L'HOMME
Une compagnie de Quebecor Media

À la découverte du tajine

En français, le mot « tajine » est encore teinté d'exotisme, mais, en réalité, ce terme d'origine ber-bère évoque un système de cuisson que nous connaissons déjà et la possibilité d'utiliser des ingré-dients plus que familiers. Comme dans le cas du wok, autre ustensile de cuisson aux origines lointaines, il suffit simplement de se familiariser avec l'objet pour commencer à l'apprécier. Après un certain nombre d'utilisations, la timidité que l'on ressent lorsque des « étrangers » sont pré-sents en cuisine s'atténue et, petit à petit, on découvre qu'il est utile dans de nombreuses circons-tances. Le tajine deviendra vite l'emblème de cette convivialité particulière qui caractérise le plat unique partagé entre convives. L'objet possédant également un certain charme, il serait dommage de le reléguer en haut d'une étagère. La place du tajine est en cuisine et sur la table.

Avant de nous approprier véritablement cet ustensile de cuisson particulier, quelques infor-mations de base sont nécessaires. Le terme « tajine » désigne à la fois un contenu et son conte-nant. L'objet se compose de deux parties : un récipient rond, qui peut aussi être utilisé comme plat de service, et un couvercle conique, dont la forme permet à la vapeur de circuler pour une bonne cuisson à l'étouffée. Ce type de cuisson permet également de préserver les arômes. Aujourd'hui, il existe des tajines faits de différents matériaux, mais la céramique émaillée reste le plus populaire et, certainement, le plus adapté. Considéré, en revanche, comme mets, le tajine n'a pas une iden-tité bien définie et il arrive souvent qu'on lui donne un nom en fonction de l'ingrédient principal utilisé : tajine d'agneau, tajine de homard, etc.

L'utilisation traditionnelle du tajine prévoit une cuisson prolongée à basse température. Certains considèrent qu'une fois « rempli » avec tous les ingrédients, il ne faut plus y toucher jusqu'à la fin de la cuisson. Des recettes d'origine nord-africaine ont tendance à adhérer à cette méthode, d'une part en raison d'une certaine conformité aux traditions (les tajines d'autrefois étaient conçus pour des cuissons sur la braise) et, d'autre part, en raison des ingrédients utilisés (morceaux de viande non nobles). Cette cuisson lente, baignée dans les vapeurs produites à l'inté-rieur du récipient, rappelle subtilement le braisé que nous connaissons. En effet, le tajine est parfait pour tous les plats préparés avec cette technique ou pour les plats en sauce. Si l'on dispose d'assez de temps, on peut utiliser la combinaison gagnante, à savoir la durée et une température basse, mais ce qui est intéressant, c'est que la cuisson dans le tajine ne se limite pas à ces conditions.

Les recettes qui suivent sont la preuve de la grande flexibilité du tajine. En utilisant diffé-rentes combinaisons de cuisson, en mettant plus ou moins à profit la vapeur et en variant l'ordre des ingrédients, on peut obtenir des consistances très différentes de celles des plats traditionnels en sauce. De plus, ce grand récipient peut également contenir des préparations plus liquides, per-mettant la création de véritables entrées. Avec sa forme digne des plus célèbres marques de de-sign et ses coloris résolument modernes, le tajine peut aussi passer directement à table !

Les conseils du chef

Un ustensile pour plusieurs résultats
Dans la cuisine traditionnelle française, on fait souvent revenir les viandes et les volailles avant de les cuire en sauce. Cela donne un résultat particulier : des petits morceaux tendres entourés d'une couche plus croustillante et d'une couleur plus foncée. Bon nombre de recettes présentes dans ce livre utilisent cette technique afin d'obtenir des résultats plus proches du goût auquel nous sommes habitués. Cette technique n'est cependant pas obligatoire. Dans la cuisine nord-africaine, patrie du tajine, il arrive bien souvent que l'on cuisine les ingrédients sans les faire revenir et qu'on les cuise pendant plus longtemps essentiellement pour deux motifs : l'utilisation de viande de qualité et de dimension différentes des nôtres et la nécessité d'obtenir un mets extrêmement tendre, pouvant être partagé et mangé avec les mains. Cela nous enseigne qu'en ce qui concerne les viandes et les volailles, le tajine peut servir à cuisiner de deux manières différentes. Pour obtenir un plat à l'aspect et au goût plutôt « européens », on ajoute, après avoir fait revenir l'ingrédient principal, d'autres éléments à différents moments afin de mieux contrôler la consistance du plat final et de pouvoir distinguer le goût de chaque ingrédient. Si, en revanche, on désire obtenir un plat où domine l'effet « compote », on peut utiliser tous les ingrédients plus ou moins en même temps et prolonger le temps de cuisson. Cependant, pour les poissons et les crustacés, il est conseillé d'opter pour des temps de cuisson rapides, afin de favoriser la conservation des parfums, des saveurs et des consistances.

Conserver l'humidité adéquate à l'intérieur du tajine
Cet ustensile de cuisson ne doit jamais rester sec. Les ingrédients étant différents les uns des autres, il est difficile d'indiquer précisément la quantité de liquide (eau, bouillon, etc.) à ajouter pendant la cuisson. Rappelons que le tajine n'est pas fermé hermétiquement et qu'il est inévitable qu'une partie de la vapeur générée lors de la cuisson se disperse. C'est pourquoi les préparations doivent être contrôlées régulièrement, afin de s'assurer qu'elles ne sèchent pas trop.

La cuisson continue également à feu éteint
La céramique accumule et conserve la chaleur même lorsque le tajine n'est plus sur une source directe de chaleur. Il est important de s'en souvenir, notamment lorsque le tajine contient des aliments comme le poisson et les crustacés qui cuisent très rapidement.

Le tajine passe à table
Plat convivial par excellence, le tajine passe sans problème du feu à la table. Pensez toutefois à protéger les surfaces délicates de la chaleur qu'il a accumulée. Et n'oubliez pas que le tajine reste très chaud même après plusieurs minutes.

Riz

Boulgour

Farine de maïs
(polenta)

Pâtes

Du couscous mais pas seulement

Nombreuses sont les associations possibles pour les mets cuits dans les tajines : du traditionnel couscous au riz, du boulgour aux pâtes en passant par la polenta.

Couscous

Soupe de légumes avec tajine de tortelli maison

POUR 4 PERSONNES

PRÉPARATION : 45 minutes
REPOS : 1 heure
CUISSON : 10 minutes

Tortelli à la chicorée

200 g (1 ¼ tasse) de farine
  tout usage
2 œufs

1 chicorée rouge
1 petit oignon
50 g (2 oz) de lard fumé
  coupé en petits dés
50 g (½ tasse) de parmesan
  râpé
Huile d'olive vierge extra

Soupe de légumes

4 tomates cerises
4 radis
4 œufs de petites dimensions
4 petits cèpes
3 courgettes
1 branche de céleri
1 grosse carotte
1 poignée d'épinards
1 litre (4 tasses) environ
  de bouillon de légumes
Parmesan râpé

Tortelli à la chicorée

Effeuiller la chicorée, laver et sécher les feuilles.
Dans le tajine, verser un filet d'huile d'olive vierge extra, faire revenir l'oignon haché et ajouter le lard et la chicorée. Laisser cuire à feu doux pendant environ 10 minutes.

Une fois la cuisson terminée, hacher le tout avec un couteau, ajouter le parmesan râpé et bien mélanger. Conserver la farce au réfrigérateur jusqu'à son utilisation.

Mettre la farine en puits sur une planche, la travailler avec les œufs et pétrir énergiquement le tout jusqu'à obtenir une pâte lisse. Former une boule, l'envelopper dans de la pellicule plastique et la laisser reposer pendant 1 heure dans un endroit frais.

Étirer la pâte jusqu'à obtenir une abaisse fine. À l'aide d'une roulette, réaliser des ronds d'environ 4-5 cm (2 po) de diamètre et les farcir avec la farce de chicorée. Les plier en forme de demi-lunes et bien fermer les bords avec les dents d'une fourchette.

Soupe de légumes

Nettoyer soigneusement les cèpes en éliminant toute trace de terre.
Couper les plus gros légumes en petits morceaux (les chapeaux des champignons peuvent rester entiers s'ils ne sont pas très grands).

Verser tous les légumes dans le tajine utilisé pour cuire la farce. Recouvrir avec le bouillon et laisser cuire à feu doux pendant environ 10 minutes avec le couvercle (les légumes doivent rester légèrement croustillants). Lorsque la cuisson est presque terminée, ajouter les œufs entiers, puis les tortelli maison, et poursuivre la cuisson.

Servir la soupe de légumes dans des bols avec une goutte d'huile d'olive et saupoudrer de parmesan.

Tajine de boulgour, aubergines et fines herbes accompagnés de mozzarella fondante

POUR 4 PERSONNES

PRÉPARATION : 10 minutes
CUISSON : 18 minutes

400 g (14 oz) de boulgour gros
12 pétales de tomates séchées
2 aubergines moyennes
2 boules de mozzarella
3-4 gousses d'ail
500 ml (2 tasses) de bouillon
   de légumes
Origan séché
Thym séché
Basilic frais
Huile d'olive vierge extra
Sel et poivre

Couper les aubergines en petits dés et les faire sauter à la poêle avec un filet d'huile d'olive vierge extra, les gousses d'ail écrasées et le basilic. Réserver.

Dans le tajine, faire chauffer un filet d'huile d'olive et ajouter le boulgour. Le faire griller pendant quelques minutes, ajouter le bouillon et couvrir. Laisser cuire à feu moyen pendant environ 15 minutes, en remuant régulièrement. Si nécessaire, rajouter du bouillon afin que le boulgour ne sèche pas. Ajouter les aubergines préparées.

Éteindre le feu sous le tajine. Mélanger le boulgour et les aubergines avec un filet d'huile d'olive, saler et poivrer, garnir avec les pétales de tomates séchées et disposer dessus des rondelles de mozzarella saupoudrées d'herbes aromatiques. Couvrir et attendre que la chaleur accumulée par le tajine fasse fondre la mozzarella.

Servir bien chaud.

Tajine de petits pois et crozets en sauce

POUR 4 PERSONNES

PRÉPARATION : 20 minutes
CUISSON : 25 minutes

500 g (3 ½ tasses) de petits
  pois frais écossés
120 g (4 oz) de crozets
  savoyards (petites pâtes
  carrées)
100 g (1 tasse) de parmesan
2 tranches de jambon blanc
1 échalote
1 litre (4 tasses) de bouillon
  de légumes
Huile d'olive vierge extra
Sel et poivre

Hacher l'échalote et le jambon.

Faire chauffer un filet d'huile d'olive vierge extra dans le plat du tajine et y faire revenir le jambon et l'échalote. Ajouter 400 g (2 ¾ tasses) de petits pois, verser le bouillon, saler, poivrer, couvrir et laisser cuire pendant 15 minutes.

À part, blanchir les 100 g (⅔ tasse) de petits pois restants dans de l'eau salée et les égoutter. Les éplucher en faisant une petite entaille avec la pointe d'un couteau. Assaisonner avec de l'huile d'olive, du sel et du poivre et garder au chaud.

Avec un pied-mélangeur, mixer les petits pois cuits précédemment dans le tajine avec leur jus. Ajouter les crozets, couvrir et cuire juste le temps nécessaire à la cuisson des pâtes (environ 10 minutes).

Une fois la cuisson terminée, ajouter les petits pois entiers mis de côté, mélanger avec un filet d'huile d'olive et le parmesan râpé.

Servir bien chaud.

Tajine de fruits de mer et haricots secs, accompagnés de pâtes

POUR 4 PERSONNES

PRÉPARATION : 12 heures pour
faire tremper les haricots secs
3-4 heures pour faire dégorger
es fruits de mer
CUISSON : 40 minutes

500 g (2 ½ tasses) de haricots
secs au choix, mélangés en
proportions égales (haricots
rouges, haricots noirs,
haricots blancs, flageolets ou
encore haricots coco)
1 kg (2 ¼ lb) de fruits de mer
variés (palourdes japonaises,
coques, moules barbues)
50 g (2 oz) de lard en petits dés
50 g (2 oz) de jambon blanc
en petits dés
2 tomates en grappes
500 ml (2 tasses) de bouillon
de légumes
200 g (7 oz) de pâtes aux œufs
de type maltagliati (ou, à
défaut, des tagliatelles)
1 branche de romarin
1 bouquet de persil
1 gousse d'ail
Thym
Huile d'olive vierge extra

Faire tremper les haricots secs dans de l'eau froide pendant 12 heures, puis les égoutter et les verser dans une grande casserole avec de l'eau froide légèrement salée et la branche de romarin. Porter à ébullition et laisser cuire pendant environ 30 minutes. Les haricots doivent être tout juste al dente, car ils continueront à cuire dans le tajine.

Plonger les moules et les palourdes dans de l'eau froide salée dans des récipients distincts. Pour les moules, gratter les coquilles avec un petit couteau ou une brosse dure en éliminant les résidus éventuels puis enlever le byssus. Les palourdes doivent rester longtemps dans l'eau (3-4 heures) afin d'éliminer le sable présent dans les valves. Il est conseillé de changer l'eau plusieurs fois et de les soulever régulièrement en les frappant légèrement les unes contre les autres avec les mains.

Dans le plat du tajine, faire chauffer un filet d'huile d'olive et faire revenir la gousse d'ail écrasée avec le persil haché. Ajouter le lard, le jambon, les tomates coupées et les haricots égouttés. Verser suffisamment de bouillon pour recouvrir les ingrédients. Couvrir et laisser cuire pendant encore 5 minutes.

Ajouter les pâtes et les fruits de mer et terminer la cuisson avec le couvercle. Quelques minutes suffiront pour que les fruits de mer s'ouvrent et que les pâtes cuisent.

Parsemer le tout de feuilles de thym, ajouter un filet d'huile d'olive et servir à température ambiante.

Tajine de morue séchée accompagnée de polenta frite

POUR 4 PERSONNES

PRÉPARATION : 3 jours pour
faire tremper la morue
3-4 heures pour faire cuire
et refroidir la polenta
CUISSON : 1 heure

1 filet de morue séchée
  (1 kg [2 ¼ lb] environ)
3 tomates
1 oignon
5-6 feuilles de céleri
1 citron non traité
1 bouquet de persil
Quelques branches de thym
Huile d'olive vierge extra
4-5 grains de poivre noir
Sel et poivre

Polenta
500 g (2 ⅔ tasses) de farine
  de maïs moulue à la pierre
  (gros grain)
1 litre (4 tasses) d'eau
Sel
Huile de tournesol

Laisser tremper la morue dans de l'eau froide pendant 3 jours, en changeant l'eau plusieurs fois.

Dans une grande casserole, mettre la morue, un bouquet garni composé de feuilles de céleri, de 5-6 brins de persil et de 4-5 grains de poivre noir et, pour finir, le citron coupé en rondelles. Ajouter suffisamment d'eau pour recouvrir le tout, porter à ébullition et laisser cuire à feu moyen pendant 15 minutes environ. Enlever l'eau de cuisson, laisser refroidir la morue et l'effeuiller.

Entretemps, préparer une polenta plutôt ferme. Une fois refroidie, la couper en losanges et la conserver à part.

Dans le tajine, faire revenir l'oignon haché avec un filet d'huile d'olive. Ajouter la morue et deux louches de sauce tomate, obtenue en mixant les tomates crues. Saler et poivrer, ajouter les petites feuilles de thym, couvrir et laisser cuire à feu doux pendant environ 45 minutes, en veillant à ce que le plat ne sèche pas.

Quand la morue est presque prête, faire frire les losanges de polenta dans une poêle avec beaucoup d'huile de tournesol. Les déposer sur de l'essuie-tout pour absorber le surplus d'huile.

Servir la morue garnie avec la polenta frite. Accompagner avec une sauce verte à base de câpres, d'anchois, d'ail, de persil et d'huile d'olive vierge extra.

Tajine de la mer

POUR 4 PERSONNES

PRÉPARATION : 3-4 heures
pour faire dégorger les fruits
de mer et 40 minutes pour le
reste de la préparation
CUISSON : 14 minutes

2 soles
2 rougets
4 coquilles Saint-Jacques
4 crevettes
4 langoustines
4 gambas
16 moules
24 palourdes japonaises
4-6 tomates cerises
1 petit oignon
125 ml (½ tasse) de bouillon
   de légumes
Feuilles de céleri
Un bouquet de persil
Une pincée de safran
Une pincée de curcuma
Origan frais
Huile d'olive vierge extra
Sel et poivre

Lever les filets de soles et de rougets. Ouvrir les coquilles Saint-Jacques et séparer les coraux des noix. Décortiquer les crustacés sans enlever la tête. Enlever le filament noir des gambas et des langoustines.

Plonger les moules et les palourdes dans de l'eau froide salée dans des récipients distincts. Pour les moules, gratter les coquilles avec un petit couteau ou une brosse dure, en éliminant les résidus éventuels puis enlever le byssus. Les palourdes doivent rester longtemps dans l'eau (3-4 heures) afin d'éliminer le sable présent dans les valves. Il est conseillé de changer l'eau plusieurs fois et de soulever les palourdes régulièrement en les frappant les unes contre les autres avec les mains.

Laver les tomates cerises, éplucher l'oignon et le couper en rondelles. Laver et hacher le persil et les feuilles de céleri.

Dans le plat du tajine, verser un filet d'huile d'olive et ajouter les tomates, l'oignon, le persil, les feuilles de céleri, l'origan, le safran, le curcuma et un peu de bouillon de légumes. Saler et poivrer puis laisser cuire à feu doux pendant 5-7 minutes.

Ajouter ensuite, dans l'ordre : les filets de poissons, les crustacés et les mollusques. Saler, poivrer et couvrir. Laisser cuire pendant quelques minutes puis ajouter les coraux des pétoncles. Éteindre le feu, en laissant le couvercle en place. La vapeur qui se créera à l'intérieur du tajine complétera la cuisson (environ 5-6 minutes).

Servir avec du riz sauvage parfumé à part.

Tajine de morue aux olives

POUR 4 PERSONNES

PRÉPARATION : 10 minutes
CUISSON : 45 minutes

800 g (1 ¾ lb) de morue
    trempée, en tranches
150 g (5 oz) de petites olives
    noires
2 pommes de terre
1 oignon rouge
2 gousses d'ail
2 branches de romarin
1 bouquet de persil
1 c. à soupe de câpres au sel
½ citron
½ orange non traitée
Huile d'olive vierge extra

Dans le tajine, faire chauffer l'huile d'olive avec la moitié du persil et l'oignon rouge coupé en quatre. Poursuivre la cuisson à feu très doux et, après avoir fait suer le mélange, y disposer les tranches de morue.

Arroser avec un filet d'huile d'olive, couvrir et laisser cuire pendant environ 30 minutes en veillant, de temps en temps, à ajouter une goutte d'eau légèrement aromatisée avec du jus de citron. Une fois la cuisson terminée, conserver à part la morue avec les oignons.

Retirer l'écorce d'orange et couper en julienne. Éplucher les pommes de terre et les couper en fines rondelles. Les faire revenir dans le plat du tajine à feu vif avec un filet d'huile d'olive, le romarin et les gousses d'ail. Lorsqu'elles sont fondantes, ajouter la morue, les oignons, les olives noires, la julienne d'écorce d'orange, les câpres dessalées et quelques brins de persil. Remettre le couvercle et laisser revenir pendant quelques minutes.

Servir le tajine accompagné d'une mayonnaise légèrement aromatisée aux agrumes.

Tajine de gambas
aux poivrons et au pain vert

POUR 4 PERSONNES

PRÉPARATION : 20 minutes
CUISSON : 15 minutes

16 gambas
2 poivrons rouges
1 poivron jaune
1 poivron vert
6 pétales de tomates séchées
1 gousse d'ail
Huile d'olive vierge extra
Sel et poivre

Pain vert
3 tranches de pain blanc
1 petite gousse d'ail
1 petit bouquet de basilic
1 petit bouquet de persil

Enlever le filament noir des gambas, faire une entaille au niveau du dos sans couper les têtes. Les conserver au frigo.

Laver les poivrons, les sécher, enlever les pépins et les filaments blancs à l'intérieur. Les couper en fines lamelles.

Dans le tajine, faire chauffer de l'huile d'olive vierge extra, ajouter la gousse d'ail écrasée, les poivrons et les pétales de tomates séchées. Saler, poivrer, couvrir et laisser cuire pendant environ 8-10 minutes à feu moyen.

Saler et poivrer les gambas, les disposer sur les poivrons et arroser avec un peu d'huile d'olive. Couvrir et faire cuire pendant 4-5 minutes.

Verser le pain blanc, les herbes aromatiques et la gousse d'ail dans le récipient du robot et mixer. Le mélange doit avoir un coloris vert vif.

Saupoudrer le pain vert sur les assiettes, y disposer les poivrons et les gambas. Servir avec un filet d'huile d'olive.

Tajine de gambas au chutney de légumes, agrumes et maïs

POUR 4 PERSONNES

PRÉPARATION : 20 minutes
MACÉRATION : 4 heures
CUISSON : 15 minutes

16 grosses gambas
1 oignon
1 gousse d'ail noir*
Farine de maïs
Huile d'olive vierge extra
Sel et poivre

Chutney

8 tomates cerises bien fermes
1 courgette
1 poivron rouge
1 endive
1 citron vert non traité
Gingembre frais
Une pincée de curry
Le jus de 1 orange
1 verre de vinaigre à la
    framboise (obtenu en mixant
    du vinaigre de vin blanc avec
    10 framboises fraîches)
Sucre en poudre d'un poids
    égal à celui des légumes

Laver et peler les tomates, la courgette, l'endive et le poivron. Couper les légumes en petits morceaux (sauf les tomates cerises), les verser dans un bol et ajouter le sucre, le vinaigre à la framboise, le jus d'orange, le citron vert coupé en petits dés (avec la peau), le gingembre râpé et le curry. Couvrir et laisser mariner pendant environ 4 heures.

Verser les légumes avec la marinade dans une casserole et faire cuire à feu moyen jusqu'à obtenir une consistance sirupeuse (environ 10 minutes).

Nettoyer les gambas en enlevant la tête, la carapace et le filament noir. Saler, poivrer et les passer dans la farine de maïs.

Dans le tajine, verser un filet d'huile d'olive vierge extra et cuire l'oignon coupé en rondelles et la gousse d'ail en chemise écrasée. Lorsque le mélange devient transparent, y disposer les gambas, mettre le couvercle du tajine et laisser cuire pendant environ 5 minutes à feu doux.

Mettre le chutney de légumes aux agrumes dans des coupelles, y disposer les gambas et servir avec des craquelins au sésame.

*Ail d'origine asiatique fermenté. Cette fermentation, naturelle, lui donne une couleur radicalement différente et agit également sur le goût final qui est plus doux et fait penser au soya et aux fruits secs.

Tajine de poulet à la chicorée sauvage

POUR 4 PERSONNES

PRÉPARATION : 15 minutes
MACÉRATION : 1 heure
CUISSON : 1 heure 15 minutes

1 poulet de 1,5 kg (3 lb)
   environ, coupé en petits
   morceaux
1 oignon
2 gousses d'ail
1 verre de gin
1 verre de vin blanc
2 pieds de chicorée sauvage
1 citron
4 c. à soupe d'épices variées
   en poudre en proportions
   égales (paprika doux,
   piment, curry, poivre noir,
   cacao)
Huile d'olive vierge extra
Sel et poivre

Mettre le poulet dans un grand bol, l'arroser de gin, ajouter les gousses d'ail épluchées et le laisser mariner pendant 1 heure au réfrigérateur, en le retournant de temps en temps. Enlever le poulet de la marinade, sécher les différents morceaux avec de l'essuie-tout et les passer dans la poudre d'épices en les recouvrant entièrement avec le mélange.

Verser l'oignon coupé en petits morceaux dans le tajine avec un filet d'huile d'olive vierge extra, y disposer le poulet et commencer à cuire à feu très doux, en mettant le couvercle, jusqu'à ce que le poulet soit complètement revenu. Arroser avec du vin blanc et ajouter un peu d'eau si la préparation est trop sèche. Saler, poivrer et terminer la cuisson (environ 1 heure 15 minutes).

Faire cuire la chicorée sauvage à part dans de l'eau salée. Une fois la cuisson terminée, la plonger dans de l'eau très froide avec de la glace pour « fixer » la couleur verte brillante. L'assaisonner avec une émulsion d'huile d'olive, du jus de citron et du sel.

Servir le poulet accompagné de la chicorée.

Tajine de pintade aux dattes et abricots secs

POUR 4 PERSONNES

PRÉPARATION : 10 minutes
MACÉRATION : 2 heures
CUISSON : 1 heure 15 minutes

1 pintade coupée
  en petits morceaux
1 carotte
2 branches de céleri
1 oignon
12 dattes séchées
12 abricots secs
250 ml (1 tasse) de Lambrusco
  (à défaut un verre
  de cidre doux)
2 c. à soupe de miel
Feuilles de menthe poivrée
Huile d'olive vierge extra
Sel et poivre

Couper la carotte en rondelles fines, les branches de céleri et l'oignon et arroser le tout avec une émulsion d'huile d'olive vierge extra, du sel et du poivre. Disposer les morceaux de pintade dans un bol, verser la marinade préparée en veillant à la répartir de manière uniforme, recouvrir avec de la pellicule plastique et laisser mariner au réfrigérateur pendant 2 heures.

Faire chauffer de l'huile d'olive dans le tajine et ajouter la pintade (après l'avoir enlevée de la marinade). Faire revenir sur tous les côtés puis couvrir et laisser cuire à feu doux. Après environ 1 heure, ajouter les dattes et les abricots secs, verser le Lambrusco (ou le cidre) et arroser avec le miel. Lorsque la cuisson est presque terminée, ajouter les feuilles de menthe. La pintade est prête lorsque la chair se détache facilement des os de la cuisse.

Servir la pintade accompagnée d'un riz parfumé (thaïlandais ou basmati).

Tajine de coquelet aux agrumes caramélisés

POUR 4 PERSONNES

PRÉPARATION : 20 minutes
MACÉRATION : 1 heure
CUISSON : 45 minutes

12 cuisses de coquelet
150 g (¾ tasse) de sucre
  de canne
2 oranges
2 citrons
1 pamplemousse
1 citron vert
1 oignon rouge
Le jus d'un ½ ananas
1 gousse d'ail
Romarin
Huile d'olive vierge extra
Vin blanc
Vinaigre balsamique
Sel et poivre

Découper les cuisses de coquelet, les disposer dans un bol et assaisonner avec du sel, du poivre, le romarin, l'ail écrasé, l'oignon haché, le vin blanc et un filet d'huile d'olive vierge extra. Laisser mariner pendant environ 1 heure, puis placer le tout dans le tajine, couvrir et cuire environ 40 minutes à feu doux.

Entretemps, peler tous les agrumes à vif et détacher les quartiers en passant la lame du couteau entre les membranes (si vous utilisez des fruits non traités, vous pouvez les couper en quartiers sans les peler). Saupoudrer les cuisses de sucre de canne et ajouter les agrumes à environ trois quarts de la cuisson. Une fois la cuisson terminée, verser le jus d'une moitié d'ananas, bien mélanger et faire réduire le jus de cuisson jusqu'à ce qu'il prenne une consistance sirupeuse. Les cuisses doivent avoir un bel aspect laqué.

Servir les cuisses avec les fruits caramélisés et quelques gouttes de vinaigre balsamique.

Tajine de canard
aux figues parfumé à la mélisse

POUR 4 PERSONNES

PRÉPARATION : 5 minutes
CUISSON : 12 minutes

4 filets de canard
12 figues noires
1 oignon
1 verre de Lambrusco
   (à défaut, un verre
   de cidre doux)
1 gousse d'ail
1 branche de romarin
1 bouquet de mélisse
2 c. à soupe de sucre de canne
   complet
Vinaigre balsamique
Huile d'olive vierge extra
Sel et poivre

Entailler les figues du côté de la pointe jusqu'à la moitié.

Dans le tajine, mélanger un filet d'huile d'olive vierge extra et l'oignon haché. Disposer les figues dessus, saupoudrer le tout de sucre de canne et de feuilles de mélisse. Arroser avec le Lambrusco (ou le cidre), couvrir et laisser cuire à feu vif jusqu'à ce que les figues soient caramélisées et le jus de cuisson sirupeux (environ 6-8 minutes).

À part, couper en gros dés les filets de canard avec la peau. Dans une poêle, verser un filet d'huile d'olive, mettre la gousse d'ail et le romarin. Ajouter les dés de canard et les faire revenir à feu vif pendant quelques minutes. Cette étape sert à éliminer une bonne partie du gras de la viande. Une fois que le canard est bien coloré, le saler, le poivrer et le placer dans le tajine pour mélanger les saveurs et terminer la cuisson (environ 3-4 minutes).

Au moment de servir, coucher le canard sur un lit de figues et de mélisse, garnir avec quelques gouttes de vinaigre balsamique et accompagner le tout de fromage frais.

Tajine de cailles aux fruits et légumes

POUR 4 PERSONNES

PRÉPARATION : 20 minutes
CUISSON : 20 minutes

8 cailles
1 carotte
1 courgette
1 aubergine
1 oignon
4 tomates cerises
4 petits abricots frais
4 prunes
1 nectarine (pas mûre)
1 pêche jaune (mûre)
Sauge
Romarin
Huile d'olive vierge extra
Sel et poivre

Nettoyer les cailles et les couper en deux. Enlever le surplus de gras, notamment autour du cou. Dans le tajine, faire revenir à feu vif les cailles dans de l'huile d'olive vierge extra en ajoutant quelques branches de sauge et de romarin. Saler, poivrer, couvrir et laisser cuire pendant environ 15 minutes. Une fois la cuisson terminée, placer les cailles dans un bol, couvrir et réserver au chaud.

Couper les légumes en gros morceaux et les faire revenir à feu vif dans une poêle avec de l'huile d'olive.

Dénoyauter les fruits, couper les abricots et les prunes en deux, et la pêche et la nectarine en quatre.

Dans le tajine où vous avez fait cuire les cailles, faire cuire tous les fruits à feu vif pendant quelques minutes avec un filet d'huile d'olive. Ajouter les légumes cuits précédemment, y disposer les cailles, couvrir et éteindre le feu. Laisser revenir pendant 5-6 minutes.

Servir les cailles avec les fruits et les légumes dans des bols individuels, accompagnées, à discrétion, de bière brune aromatisée d'une goutte de jus de citron vert.

Tajine de poulet au vinaigre de framboise, ail et menthe

POUR 4 PERSONNES

PRÉPARATION : 15 minutes
CUISSON : 40 minutes

24 ailes de poulet
3 pommes de terre
1 grosse aubergine
100 g (¾ tasse) de framboises fraîches
60 ml (¼ tasse) de vinaigre blanc
3 gousses d'ail
1 branche de thym
1 branche de romarin
Feuilles de menthe
Bouillon de légumes
Huile d'olive vierge extra
Sel et poivre

Découper les ailes de poulet. Dans le tajine, faire chauffer un filet d'huile d'olive vierge extra, ajouter deux gousses d'ail écrasées, le romarin et les ailes de poulet. Commencer la cuisson à feu doux, en augmentant le feu uniquement vers la fin pour rendre celles-ci plus colorées. Les ailes de poulet sont prêtes lorsque la chair se détache de l'os (environ 30 minutes). Laisser refroidir et réserver.

Mixer la moitié des framboises avec le vinaigre blanc et filtrer. Conserver le liquide.

Couper la menthe en fines lamelles, piler une gousse d'ail et ajouter le tout au mélange de vinaigre et de framboises. Émulsionner avec l'huile d'olive et verser sur les ailes.

Couper les pommes de terre en assez gros dés et les faire revenir avec un filet d'huile d'olive dans le tajine utilisé précédemment. Ajouter un peu de bouillon de légumes, saler et poivrer, couvrir et finir de cuire. Les pommes de terre doivent être fondantes, mais ne pas s'effriter (environ 10 minutes).

À part, couper l'aubergine en gros dés, les passer au four à 170 °C (340 °F) avec un filet d'huile d'olive et le thym (15 minutes). Une fois la cuisson terminée, verser l'aubergine dans le tajine. Laisser tiédir et ajouter les ailes. Garnir avec le reste des framboises fraîches et servir.

Tajine d'agneau
aux pommes de terre et farofa*

PRÉPARATION : 15 minutes
CUISSON : 30 minutes

600 g (1 ⅓ lb) de gigot
    d'agneau coupé
    en morceaux
4 grosses pommes de terre
1 gros oignon
1 branche de romarin
2 feuilles de laurier
1 c. à café de coriandre
Huile d'olive vierge extra
Sel et poivre

Farofa*
200 g (2 tasses) de chapelure
1 gousse d'ail
Thym séché
Origan séché
Graines de fenouil
Huile d'olive vierge extra
Sel et poivre

* **Farofa** : préparation
  brésilienne dont l'ingrédient
  principal est la farine de
  manioc. La consistance de
  cette garniture est semblable
  à celle de la polenta. Dans
  cette recette, la farine de
  manioc est remplacée par
  de la chapelure.

Éplucher les pommes de terre et les couper en gros dés. Les faire sauter avec un filet d'huile d'olive vierge extra dans le tajine avec la branche de romarin. Quand les pommes de terre sont colorées (environ 10 minutes), saler, poivrer et les réserver.

Hacher l'oignon et le mettre dans le tajine en ajoutant un filet d'huile d'olive. Lorsque l'oignon est tendre et transparent, ajouter la viande, saler et poivrer, puis ajouter la coriandre et les feuilles de laurier. Couvrir et laisser cuire à feu doux pendant environ 20-30 minutes (il peut être nécessaire d'ajouter un peu de bouillon ou d'eau pour éviter que la viande ne sèche trop).

Quand la viande est bien moelleuse, ajouter les pommes de terre, les mélanger pour qu'elles prennent du goût et laisser cuire pendant quelques minutes. Ne pas oublier que la cuisson continuera même lorsque le feu sera éteint, car le tajine conserve la chaleur très longtemps.

Farofa
Faire griller la chapelure dans une poêle avec un filet d'huile d'olive, la gousse d'ail, le thym, l'origan, les graines de fenouil, le sel et le poivre. La farofa est prête lorsqu'elle est bien colorée.

Saupoudrer la farofa sur la viande d'agneau juste avant de servir.

Tajine d'aiguillettes de veau, sauge et jambon avec oignon à la bière brune

POUR 4 PERSONNES

PRÉPARATION : 15 minutes
CUISSON : 10-12 minutes

500 g (1 ¼ lb) de fines
   tranches de longe de veau
330 ml (1 ⅓ tasse) de bière
   brune (de type Guinness)
1 tranche de jambon cru pour
   chaque aiguillette
3 oignons rouges
1 feuille de sauge pour chaque
   aiguillette
Paprika doux à discrétion
Huile d'olive vierge extra
Une noix de beurre
Sel et poivre

Aplatir les tranches de veau jusqu'à ce qu'elles soient bien fines, en les coupant, s'il le faut, pour obtenir des morceaux de même dimension. Disposer dessus le jambon cru, une feuille de sauge et fixer le tout avec un cure-dent.

Placer les aiguillettes dans le plat du tajine avec un filet d'huile d'olive vierge extra et faire revenir des deux côtés à feu vif pendant environ 3-4 minutes. Saler, poivrer et réserver.

Couper les oignons en fines rondelles, les mettre dans le tajine avec une noix de beurre et la bière. Laisser cuire à feu doux pendant 6-8 minutes en veillant à ce qu'ils restent croustillants.

Disposer les aiguillettes de veau sur les oignons, saupoudrer d'une pincée de paprika et laisser cuire avec le couvercle pendant quelques minutes.

Servir les aiguillettes en les superposant. Accompagner avec les oignons et, éventuellement, avec de la polenta grillée.

Tajine de boulettes de porc aux courgettes et à la menthe

POUR 4 PERSONNES

PRÉPARATION : 15 minutes
CUISSON : 18 minutes

Couscous
200 g (1 tasse) de couscous
    instantané
1 noix de beurre
Huile d'olive vierge extra
1 bouquet de ciboulette
Sel

Boulettes de porc
400 g (14 oz) de chair de porc
    finement hachée
200 g (1 ¾ tasse) d'amandes
    effilées

150 g (1 ½ tasse) de chapelure
4 courgettes
1 œuf
2 gousses d'ail
6 feuilles de menthe
1 branche de romarin
Huile d'olive vierge extra
Sel et poivre

Couscous
Dans une grande casserole, verser 250 ml (1 tasse) d'eau, 1 petit verre d'huile d'olive vierge extra et une pincée de sel. Porter à ébullition, enlever la casserole du feu, ajouter le couscous et mélanger délicatement. Couvrir et laisser les graines absorber le liquide pendant quelques minutes. Ajouter une noix de beurre, remettre sur le feu et continuer la cuisson pendant encore 3-4 minutes (en égrenant le couscous avec une fourchette). Ajouter de la ciboulette hachée juste avant de servir.

Boulettes de porc
Dans un bol, mettre la viande de porc hachée, l'œuf, une gousse d'ail et le romarin hachés. Former des petites boulettes et les écraser légèrement. Mélanger la chapelure et les amandes et rouler les boulettes dans le mélange en recouvrant bien toute la surface.

Dans le tajine, faire revenir les boulettes dans de l'huile d'olive jusqu'à ce qu'elles se colorent légèrement, puis saler et poivrer. Réserver.

Couper les courgettes en gros dés et les assaisonner avec une gousse d'ail pilée et les feuilles de menthe. Les mettre dans le tajine et les faire cuire pendant 5-6 minutes. Ajouter les boulettes de porc, un filet d'huile d'olive, couvrir et finir la cuisson (environ 4-5 minutes).

Servir dans le tajine accompagné de couscous.

Tajine d'agneau aux noix, sauce aigre-douce

POUR 4 PERSONNES

PRÉPARATION : 10 minutes
CUISSON : 14 minutes

16 côtelettes d'agneau
200 g (7 oz) de lard en petits
    dés
150 g (1 tasse) de noix
    mélangées (noix de cajou,
    amandes et pistaches salées)
100 g (1 ⅛ tasse) de noix
    de coco déshydratée
12 abricots secs
8 dattes séchées
3 c. à soupe de miel aux
    agrumes
2 gousses d'ail
1 verre de thé vert
Le jus de 1 citron
1 rose très parfumée issue
    de l'agriculture biologique
Huile d'olive vierge extra
Sel et poivre

Dans le plat du tajine, faire sauter le lard avec un filet d'huile d'olive vierge extra et l'ail en chemise. Ajouter les côtelettes et les faire rissoler à feu vif pendant environ 5-6 minutes. Lorsqu'elles sont bien rissolées, ajouter les abricots, les dattes et le thé vert. Couvrir et laisser cuire pendant quelques minutes.

Ajouter les noix, saler et poivrer. Après quelques minutes, arroser avec le miel et le jus de citron. Couvrir, éteindre le feu et laisser reposer pendant 7-8 minutes.

Juste avant de servir, saupoudrer de noix de coco déshydratée (en garder un peu pour décorer les assiettes) et de pétales de rose. Remettre le couvercle pour faire fondre légèrement ces derniers ingrédients.

Servir le tajine après avoir arrosé la viande avec le jus de cuisson et l'avoir saupoudrée de noix de coco déshydratée. Accompagner éventuellement avec de la bière non filtrée aromatisée au gingembre et à l'anis étoilé.

Tajine de saucisses et champignons aux petites tommes fumées fondantes

Nettoyer soigneusement les champignons en éliminant toute trace de terre.

POUR 4 PERSONNES

Couper le lard en petits dés. Hacher les herbes aromatiques.

PRÉPARATION : 25 minutes
CUISSON : 12-15 minutes

Couper les saucisses en petits morceaux identiques et les piquer avec une fourchette.

8 saucisses (de type chipolatas)
4 petites tommes
600 g (1 ⅓ lb) de champignons variés (cèpes, chanterelles)
200 g (7 oz) de lard fumé
1 verre de bouillon de volaille
1 bouquet de persil
1 branche de romarin
1 gousse d'ail
4-5 feuilles de sauge
Huile d'olive vierge extra
Gros sel fumé

Dans le plat du tajine, verser un filet d'huile d'olive vierge extra, la gousse d'ail et le lard et faire revenir à feu doux. Quand le lard commence à se colorer, ajouter les champignons, augmenter le feu et laisser cuire.

Ajouter les herbes hachées et, après environ 5 minutes, baisser le feu. Verser le bouillon, ajouter les saucisses, couvrir et terminer la cuisson (environ 6 minutes).

Ouvrir le tajine, placer les petites tommes coupées en quartiers sur la viande et les champignons, ajouter une pincée de gros sel fumé et remettre le couvercle. Augmenter le feu et laisser fondre les petites tommes (2-3 minutes).

Servir le tout avec des tranches de pain frottées avec de l'ail et la pulpe d'une tomate.

Tajine de bœuf
à la chicorée et à la tomate

POUR 4 PERSONNES

PRÉPARATION : 10 minutes
CUISSON : 50 minutes

800 g (1 ¾ lb) de faux-filet
    de bœuf coupé en gros dés
3 bottes de chicorée
3-4 gousses d'ail
4 c. à soupe de double
    concentré de tomate
1 piment
Huile d'olive vierge extra
Sel et poivre

Laver la chicorée et la couper en petits morceaux.

Dans le tajine, verser la chicorée, les gousses d'ail pilées, le piment, le concentré de tomate, un filet d'huile d'olive vierge extra, du sel et du poivre. Ajouter un verre d'eau, couvrir et laisser cuire à feu doux pendant environ 45 minutes, en ajoutant de l'eau si le mélange sèche trop.

Faire revenir le bœuf à part dans une poêle avec un filet d'huile d'olive. Lorsqu'il est coloré des deux côtés, le mettre dans le tajine en le disposant sur la chicorée. Laisser cuire pendant environ 5-6 minutes. Le tajine est prêt lorsque le jus de cuisson a réduit. Veiller à en laisser un peu.

Tajine de boulettes de lapin à la crème de citron et romarin

POUR 4 PERSONNES

PRÉPARATION : 25 minutes
CUISSON : 10 minutes

600 g (1 ⅓ lb) de chair de
    lapin (cuisse)
400 ml (1 ⅔ tasse) de crème
    15 %
200 g (2 tasses) de chapelure
150 g (1 ¼ tasse) de pistaches
    salées
1 tranche de pain trempée
    dans un peu de lait
3 feuilles de basilic
2 gousses d'ail
1 citron vert non traité
1 œuf
1 branche de romarin
Noix de muscade
Curry
Huile d'olive vierge extra
Sel et poivre

Trancher l'écorce du citron vert en julienne. Dans le plat à tajine, mélanger la crème, la julienne d'écorce de citron vert, les feuilles de basilic hachées et les gousses d'ail écrasées. Faire réduire à feu doux pendant quelques minutes ; saler et poivrer. Le mélange doit être plutôt crémeux.

Passer deux fois la chair de lapin dans le hachoir à viande équipé d'un disque fin. Ajouter le pain bien essoré et coupé en morceaux, l'œuf et une pincée de curry. Bien mélanger et former des boulettes rondes. Les passer ensuite dans la chapelure et les faire revenir à la poêle avec de l'huile d'olive vierge extra et le romarin. Saler et poivrer.

Placer les boulettes dans le tajine avec la sauce, saupoudrer de pistaches et de noix de muscade, bien mélanger et servir bien chaud.

Tajine de côtes de porc chasseur et riz sauté

POUR 4 PERSONNES

PRÉPARATION : 25 minutes
CUISSON : 35 minutes

Riz sauté

200 g (1 tasse) de riz rond
   pour risotto de type carnaroli
150 g (1 ½ tasse) de parmesan
   râpé
1 échalote
1 verre de vin blanc sec
500 ml (2 tasses) de bouillon
   de viande
1 noix de beurre
Huile d'olive vierge extra

Côtes de porc chasseur

4 côtes de porc
4 petites saucisses
150 g (5 oz) de lard en
   tranches
4 tomates cerises
2 c. à soupe de concentré
   de tomate
500 ml (2 tasses) de bouillon
   de viande
1 petit oignon
1 céleri
1 petite carotte
2 gousses d'ail
Une pincée de safran en pistils
Huile d'olive vierge extra
Sel et poivre

Riz sauté

Faire fondre le beurre dans une casserole, ajouter l'échalote hachée et, lorsqu'elle est transparente, verser le riz. Faire griller brièvement, arroser avec le vin, le faire évaporer et commencer à ajouter, petit à petit, le bouillon chaud. Laisser le risotto finir de cuire (environ 18 minutes) en ajoutant le bouillon au fur et à mesure qu'il est absorbé par le riz. À feu éteint, mélanger avec le parmesan et une goutte d'huile d'olive vierge extra.

Après avoir laissé refroidir le risotto, faire chauffer un peu d'huile dans une poêle, verser le riz et l'écraser jusqu'à former une galette. La faire revenir des deux côtés et la réserver au chaud.

Côtes de porc chasseur

Couper la carotte, l'oignon et le céleri en petits dés.

Dans le plat à tajine, faire revenir les légumes avec un filet d'huile d'olive et les gousses d'ail et couvrir brièvement. Quand le tout est fondant et parfumé, introduire les côtes de porc, les saucisses (les piquer avec une fourchette), le lard, les tomates cerises, le concentré de tomate, les pistils de safran et le bouillon.

Couvrir et laisser cuire à feu très doux pendant environ 30 minutes. Contrôler la cuisson de temps en temps afin de s'assurer que le jus de cuisson ne s'évapore pas trop. Ajouter si nécessaire quelques gouttes de bouillon. Saler et poivrer. Quand la viande commence à se détacher de l'os, le porc chasseur est prêt.

Servir le tajine accompagné des galettes de riz sauté.

Tajine de fruits glacés au miel

POUR 4 PERSONNES

PRÉPARATION : 15 minutes
MACÉRATION : 48 heures
CUISSON : 6-7 minutes

8 abricots secs
4 pruneaux dénoyautés
4 dattes
4 figues fraîches
4 tranches d'ananas
   déshydraté
1 poire Bartlett non épluchée
   coupée en quatre
1 pêche jaune non épluchée
   coupée en morceaux
4 prunes rouges
1 poignée de raisins secs
3 c. à soupe de miel « toutes
   fleurs »
200 g (1 ½ tasse) de noix
   mélangées (noisettes,
   pistaches, pignons et
   amandes)
100 g (½ tasse) de sucre
200 ml (¾ tasse) d'eau
Une pincée d'acide citrique
Fleurs comestibles (pétales
   de rose, jasmin, sureau)

Dans une casserole au fond épais, mélanger l'eau et le sucre et porter à ébullition. Éteindre le feu, faire refroidir le sirop et y verser les pétales de fleurs (en garder un peu pour la garniture).

Laisser macérer pendant 48 heures. Filtrer le sirop et ajouter une pincée d'acide citrique (il permet d'éviter la prolifération de moisissures qui pourraient se créer après l'infusion prolongée d'une matière végétale).

Dans le plat du tajine, mélanger tous les fruits et les noix, verser le sirop préparé et le miel. Couvrir et laisser cuire à feu très doux pendant environ 6-7 minutes. Les fruits doivent être fondants et recouverts d'un glaçage.

Juste avant de servir, garnir les fruits avec le reste des pétales de fleurs. Servir avec de la glace à la vanille Bourbon.

Table des matières

À la découverte du tajine 7
Les conseils du chef 8

Entrées
Soupe de légumes avec tajine de tortelli maison 10
Tajine de boulgour, aubergines et fines herbes accompagnés
    de mozzarella fondante 12
Tajine de petits pois et crozets en sauce 14

Poissons et fruits de mer
Tajine de fruits de mer et haricots secs accompagnés de pâtes 16
Tajine de morue séchée accompagnée de polenta frite 18
Tajine de la mer. 20
Tajine de morue aux olives 22
Tajine de gambas aux poivrons et au pain vert. 24
Tajine de gambas au chutney de légumes, agrumes et maïs 26

Volailles
Tajine de poulet à la chicorée sauvage. 28
Tajine de pintade aux dattes et abricots secs 30
Tajine de coquelet aux agrumes caramélisés 32
Tajine de canard aux figues parfumé à la mélisse. 34
Tajine de cailles aux fruits et légumes 36
Tajine de poulet au vinaigre de framboises, ail et menthe 38

Viande
Tajine d'agneau aux pommes de terre et farofa. 40
Tajine d'aiguillettes de veau, sauge et jambon avec oignon
    à la bière brune 42

Tajine de boulettes de porc aux courgettes et à la menthe. 44

Tajine d'agneau aux noix, sauce aigre-douce 46

Tajine de saucisses et champignons aux petites tommes
    fumées fondantes 48

Tajine de bœuf à la chicorée et à la tomate 50

Tajine de boulettes de lapin à la crème de citron et romarin. 52

Tajine de côtes de porc chasseur et riz sauté 54

Fruits

Tajine de fruits glacés au miel 56

Je souhaite remercier la famille Tosadori – Giorgio, Maria, Monica et Walter – du restaurant La Buca di Bacco de Volta Mantovana (Italie). Ils accueillent depuis toujours, avec « les filles de la cuisine » Lorella Memini et Chiara Scremin, mon enthousiasme et mes expériences. Leur soutien technique et organisationnel a été fondamental pour la réalisation de ce livre.

Merci à Riccardo Lettieri, photographe d'une grande sensibilité. Cela a été un vrai plaisir de travailler avec toi.

Et je n'oublie pas ce 9 mai, un jour particulier pour moi.

Bruno Barbieri

Suivez-nous sur le Web

Consultez nos sites Internet et inscrivez-vous à l'infolettre pour rester informé en tout temps de nos publications et de nos concours en ligne. Et croisez aussi vos auteurs préférés et notre équipe sur nos blogues!

EDITIONS-HOMME.COM
EDITIONS-JOUR.COM
EDITIONS-PETITHOMME.COM
EDITIONS-LAGRIFFE.COM

Achevé d'imprimer au Canada
sur papier Enviro 100% recyclé